처음책방 필사책_1

김소월 따라쓰기

김소월 지음
김기태 엮음

처음
책방

지은이 김소월

김소월(金素月, 1902.9.7.~1934.12.24)은 일제강점기의 시인입니다. 본명은 김정식(金廷湜)이지만, 아호 소월(素月)로 더 유명하지요. 1902년 평북 구성에서 태어나 1934년 평북 곽산에서 세상을 떠난 김소월 시인은 서구 문학이 범람하던 시대에 민족 고유의 정서에 기반한 시를 쓴 민족시인으로 잘 알려져 있습니다. 평론가 김현 선생은 소월의 시가 "전래의 정한의 세계를 새로운 리듬으로 표현해 낸 것이며, 그런 의미에서 새로운 민요에 속한다."고 했으며, 김용직 선생은 소월을 "우리 현대시사의 한 표준이며 역사"라고 했습니다. 유종호 선생은 김소월의 젊은 시절 시단에서 이른바 '조선주의'가 유행이었으나, 시인은 "조선이라는 말을 쓰지 않은 채 조국의 산하에 지천으로 피고 지는 진달래라는 표상을 선택함으로써 겨레 감정에 호소한다. 그는 추상적인 관념에서 출발하지 않고 구체에서 출발하는 것이다. 이 하나만 가지고서도 그는 당대의 누구보다도 시인이요 터주시인"이라 했지요. 이처럼 소월은 우리 전통의 한(恨)을 노래한 시인이며, 짙은 향토성을 가장 서정적으로 표현한 시인입니다.

엮은이 김기태

초판본·창간호 전문서점 및 출판사 [처음책방] 대표
세명대학교 미디어콘텐츠창작학과 교수

처음책방 필사책_1

김소월 따라쓰기

2025년 3월 1일 초판 1쇄 발행
지은이·김소월   엮은이 겸 펴낸이·김기태   디자인·안혜선   제작/유통·조전회
펴낸곳·처음책방   신고번호·제407-2024-000007
주소·[17407] 경기도 이천시 진상미로 1523번길 42   전화·070-4141-5766
블로그·blog.naver.com/firstbook2024   인스타그램·instagram.com/1ststudiolo
유튜브·youtube.com/@처음책방   이메일·fbi2024@naver.com
ISBN·979-11-991148-0-7 (03810)

좋은 작품을 읽고 따라 쓰는 일의 즐거움

좋은 작품을 읽는다는 것은 세상의 가장 위대한 사람과 대화를 나누는 일이며,
그것을 따라 쓰는 일은 그 위대한 사람의 마음에 내 마음을 보태는 것입니다.
좋은 작품을 읽고 따라 쓰는 일의 즐거움을 그대에게 선사합니다.

이 책을
_____ 님께 드립니다.

김소월 따라쓰기
차례

개여울 · 6
닭은 꼬꾸요 · 8
먼 후일 · 10
가는 길 · 12
고적한 날 · 14
첫 치마 · 16
님의 노래 · 18
옛이야기 · 20
황촉(黃燭) 불 · 22
제비1 · 24
제비2 · 26
자나 깨나 앉으나 서나 · 28
못 잊어 · 30
진달래꽃 · 32
개여울의 노래 · 34
왕십리 · 36
눈 오는 저녁 · 38
구름 · 40
예전엔 미처 몰랐어요 · 42
길 · 44
접동새 · 48
나의 집 · 50
부부 · 52

가을 저녁에 · 54
닭 소리 · 56
해가 산마루에 저물어도 · 58
만나려는 심사 · 60
기억 · 62
봄밤 · 64
무덤 · 66
나는 세상 모르고 살았노라 · 68
산유화 · 70
애모 · 72
님에게 · 74
꿈으로 오는 한 사람 · 76
부귀공명 · 78
엄숙 · 80
빛 · 82
맘에 있는 말이라고 다 할까 보냐 · 84
들놀이 · 86
바라건대는 우리에게 우리의
  보습 대일 땅이 있었더면 · 88
찬 저녁 · 90
널 · 92
춘향과 이도령 · 94
분(粉) 얼굴 · 96

추회(追悔) · 98

엄마야 누나야 · 100

금잔디 · 102

초혼(招魂) · 104

산(山) · 106

밭고랑 위에서 · 108

꿈꾼 그 옛날 · 110

강촌(江村) · 112

밤 · 114

실제(失題)1 · 116

실제(失題)2 · 118

그를 꿈꾼 밤 · 120

부모 · 122

반달 · 124

비단 안개 · 126

개아미 · 128

서로 믿음 · 130

한식(寒食) · 132

저녁때 · 134

꿈길 · 136

원앙침 · 138

건강한 잠 · 140

무신(無信) · 142

기분전환 · 144

기회 · 146

고향 · 148

절제(節制) · 154

넝쿨타령 · 156

■ 김기태의 초판본 이야기
우리 정서를 농축시켜 빛는 국민 애송시
'진달래꽃'이 담긴 시집 · 158

일러두기
- 여기 수록된 작품들은 그동안 세상에 알려진 김소월의 모든 시 중에서 골랐으며, 별도의 명확한 기준 없이 작품 발표 시기와 작품의 유사성 등을 고려해 배열했습니다.
- 표기법은 최초 발표 당시의 원문을 지키되 원문을 해치지 않는 정도에서 현대 표기로 바꾸기도 했습니다. 다만, 그 뜻이 분명하지 않은 경우에는 원문 그대로 표기했습니다.
- 정확한 뜻을 전달하기 위해 간혹 한자(漢字)를 괄호 안에 넣었으며, 띄어쓰기와 외래어 표기는 현재의 표준어 규정을 따랐습니다.
- 표지는 1951년 숭문사 발행 『진달래꽃』을 바탕으로 디자인했습니다.

개여울

당신은 무슨 일로
그리합니까?
홀로이 개여울에 주저앉아서.

파릇한 풀포기가
돋아 나오고
잔물은 봄바람에 헤적일 때에

가도 아주 가지는
않노라시던
그러한 약속이 있었겠지요.

날마다 개여울에
나와 앉아서
하염없이 무엇을 생각합니다.

가도 아주 가지는
않노라심은
굳이 잊지 말라는 부탁인지요.

닭은 꼬꾸요

닭은 꼬꾸요, 꼬꾸요 울 제,
헛잡으니 두 팔은 밀려났네.
애도 타리만치 기나긴 밤은……
꿈 깨친 뒤엔 감도록 잠 아니 오네.

위에는 청초(靑草) 언덕, 곳은 깊섬,
엊저녁 대인 남포(南浦)뱃간.
몸을 잡고 뒤재며 누웠으면
솜솜하게도 감도록 그리워 오네.

아무리 보아도
밝은 등불, 어스럿한데.
감으면 눈 속엔 흰 모래밭,
모래에 어린 안개는 물 위에 슬 제

대동강(大同江) 뱃나루에 해 돋아오네.

먼 후일

먼 훗날 당신이 찾으시면
그때에 내 말이 "잊었노라"

당신이 속으로 나무라면
"무척 그리다가 잊었노라"

그래도 당신이 나무라면
"믿기지 않아서 잊었노라"

오늘도 어제도 아니 잊고
먼 훗날 그때에 "잊었노라"

가는 길

그립다
말을 할까
하니 그리워

그냥 갈까
그래도
다시 더 한 번……

저 산에도 까마귀, 들에 까마귀,
서산에는 해진다고
지저귑니다.

앞 강물, 뒷 강물,
흐르는 물은
어서 따라 오라고 따라 가자고
흘러도 연달아 흡디다려.

고적(孤寂)한 날

당신님의 편지를
받은 그 날로
서러운 풍설(風說)이 돌았습니다.

물에 던져달라 하신 그 뜻은
언제나 꿈꾸며 생각하라는
그 말씀인 줄 압니다.

흘려 쓰신 글씨나마
언문(諺文) 글자로
눈물이라 적어 보내셨지요.

물에 던져달라 하신 그 뜻은
뜨거운 눈물 방울방울 흘리며
맘 곱게 읽어달라는 말씀이지요.

: 필사기록   년   월   일

첫 치마

봄은 가나니 저문 날에,
꽃은 지나니 저문 봄에,
속없이 우나니 지는 꽃을,
속없이 느끼나니 가는 봄을.
꽃지고 잎진 가지를 잡고
미친듯 우나니, 집난이는
해 다 지고 저문 봄에
허리에도 감은 첫 치마를
눈물로 함빡이 쥐어짜며
속없이 우노나 지는 꽃을,
속없이 느끼노나 가는 봄을.

님의 노래

그리운 우리 님의 맑은 노래는
언제나 제 가슴에 젖어 있어요

긴 날을 문밖에서 서서 들어도
그리운 우리 님의 고운 노래는
해지고 저물도록 귀에 들려요
밤들고 잠들도록 귀에 들려요

고이도 흔들리는 노랫가락에
내 잠은 그만이나 깊이 들어요
고적한 잠자리에 홀로 누워도
내 잠은 포스근히 깊이 들어요

그러나 자다 깨면 님의 노래는
하나도 남김없이 잃어버려요
들으면 듣는 대로 님의 노래는
하나도 남김없이 잊고 말아요

: 필사기록   년   월   일

옛이야기

고요하고 어두운 밤이 오면은
어스레한 등불에 밤이 오면은
외로움에 아픔에 다만 혼자서
하염없는 눈물에 저는 웁니다.

제 한몸도 예전엔 눈물 모르고
조그마한 세상을 보냈습니다.
그때는 지난날의 옛이야기도
아무 설움 모르고 외웠습니다.

그런데 우리 님이 가신 뒤에는
아주 저를 버리고 가신 뒤에는
전날에 제게 있던 모든 것들이
가지가지 없어지고 말았습니다.

그러나 그 한때에 외워 두었던
옛이야기뿐만은 남았습니다.
나날이 짙어가는 옛이야기는
부질없이 제 몸을 울려 줍니다.

황촉(黃燭)불

황촛불, 그저도 까맣게
스러져가는 푸른 창을 기대고
소리조차 없는 흰 밤에,
나는 혼자 거울에 얼굴을 묻고
뜻없이 생각없이 들여다보노라.
나는 이르노니, "우리 사람들
첫날 밤은 꿈 속으로 보내고
죽음은 조는 동안에 와서,
별 좋은 일도 없이 스러지고 말아라."

: 필사기록   년   월   일

제비1

하늘로 날아다니는 제비의 몸으로도
일정한 깃을 두고 돌아오거든!
어찌 섧지 않으랴, 집도 없는 몸이야!

제비2

오늘 아침 먼동 틀 때
강남의 더운 나라로
제비가 울며불며 떠났습니다.

잘 가라는 듯이
살살 부는 새벽의
바람이 불 때에 떠났습니다.

어미를 이별하고
떠난 고향의
하늘을 바라보던 제비이지요.

길가에서 떠도는 몸이기에
살살 부는 새벽의
바람이 부는 데로 떠났습니다.

자나 깨나 앉으나 서나

자나 깨나 앉으나 서나
그림자 같은 벗 하나이 내게 있었습니다.

그러나 우리는 얼마나 많은 세월을
쓸데없는 괴로움으로만 보냈었겠습니까!

오늘은 또다시, 당신의 가슴 속, 속 모를 곳을
울면서 나는 휘저어 버리고 떠납니다그려.

허수한 맘, 둘 곳 없는 심사에 쓰라린 가슴은
그것이 사랑, 사랑이던 줄이 아니도 잊힙니다.

못 잊어

못 잊어 생각이 나겠지요.
그런대로 한세상 지내시구려.
사노라면 잊힐 날 있으리다.

못 잊어 생각이 나겠지요.
그런대로 세월만 가라시구려.
못 잊어도 더러는 잊히오리다.

그러나 또 한껏 이렇지요.
"그리워 살뜰히 못 잊는데
어쩌면 생각이 떠지나요?"

진달래꽃

나 보기가 역겨워
가실 때에는
말없이 고이 보내드리오리다.

영변(寧邊)에 약산(藥山)
진달래꽃
아름따다 가실 길에 뿌리오리다.

가시는 걸음걸음
놓인 그 꽃을
사뿐히 즈려밟고 가시옵소서.

나 보기가 역겨워
가실 때에는
죽어도 아니 눈물 흘리오리다.

개여울의 노래

그대가 바람으로 생겨났으면
달 돋는 개여울의 빈 들 속에서
내 옷의 앞자락을 불기나 하지.

우리가 굼벵이로 생겨났으면
비 오는 저녁 캄캄한 영기슭의
미욱한 꿈이나 꾸어를 보지.

만일에 그대가 바다난 끝의
벼랑에 돌로나 생겨났더면,
둘이 안고 굴며 떨어나지지.

만일에 나의 몸이 불귀신이면
그대의 가슴 속을 밤도와 태워
둘이 함께, 재 되어 스러지지.

왕십리(往十里)

비가 온다
오누나
오는 비는
올지라도 한 닷새 왔으면 좋지

여드레 스무날엔
온다고 하고
초하루 삭망(朔望)이면 간다고 했지
가도 가도 왕십리 비가 오네

웬걸, 저 새야
울려거든
왕십리 건너가서 울어나 다오
비 맞아 나른해서 벌새가 운다

천안에 삼거리 실버들도
촉촉이 젖어서 늘어졌다네
비가 와도 한 닷새 왔으면 좋지
구름도 산마루에 걸려서 운다

눈 오는 저녁

바람 자는 이 저녁
흰눈은 퍼붓는데
무엇 하고 계시노,
같은 저녁 금년은……

꿈이라도 꾸면은!
잠들면 만날런가.
잊었던 그 사람은
흰눈 타고 오시네.

저녁때, 흰눈은 퍼부어라.

구름

저기 저 구름을 잡아타면……
붉게도 피로 물든 저 구름을
밤이면 새카만 저 구름을
잡아타고 내 몸은 저 멀리로
구만리 긴 하늘을 날아 건너
그대 잠든 품 속에 안기렸더니
에스러라, 그리는 못한대서
그대여, 들으라 비가 되어
저 구름이 그대한테로 내리거든
생각하라, 밤 저녁 내 눈물을

: 필사기록   년   월   일

예전엔 미처 몰랐어요

봄 가을 없이 밤마다 돋는 달도
"예전엔 미처 몰랐어요."

이렇게 사무치게 그리울 줄도
"예전엔 미처 몰랐어요."

달이 암만 밝아도 쳐다볼 줄을
"예전엔 미처 몰랐어요."

이제금 저 달이 설움인 줄은
"예전엔 미처 몰랐어요."

길

어제도 하룻밤
나그네 집에
까마귀 까악까악 울며 새었소.

오늘은
또 몇 십리
어디로 갈까.

산으로 올라갈까
들로 갈까
오라는 곳이 없어 나는 못가오.

말마소, 내 집도
정주(定州) 곽산(郭山)
차 가고 배 가는 곳이라오.

여보소, 공중에
저 기러기
공중엔 길 있어서 잘 가는가?

여보소, 공중에
저 기러기
공중엔 길 있어서 잘 가는가?

여보소, 공중에
저 기러기
열십자 복판에 내가 섰소.

갈래갈래 갈린 길
길이라도
내게 바이 갈 길은 하나 없소.

접동새

접동 접동 아우래비 접동.

진두강(津頭江) 가람 가에 살던 누나는
진두강 앞마을에 와서 웁니다.

옛날, 우리나라 먼 뒤쪽의
진두강 가람 가에 살던 누나는
의붓어미 시샘에 죽었습니다.

누나라고 불러보랴 오오 불설워
시새움에 몸이 죽은 우리 누나는
죽어서 접동새가 되었습니다.

아홉이나 남아 되던 오랩동생을
죽어서도 못잊어 차마 못잊어
야삼경 남 다 자는 밤이 깊으면
이 산 저 산 옮아가며 슬피 웁니다

나의 집

들가에 떨어져 나가 앉은 메 기슭의
넓은 바다의 물가 뒤에
나는 지으리, 나의 집을.
다시금 큰길을 앞에다 두고,
길로 지나가는 그 사람들은
제가끔 떨어져서 혼자 가는 길.
하이얀 여울 턱에 날은 저물 때,
나는 문간에 서서 기다리리.
새벽 새가 울며 지새는 그늘로
세상은 희게, 또는 고요하게
번쩍이며 오는 아침부터
지나가는 길손을 눈여겨보며,
그대인가고, 그대인가고.

: 필사기록   년   월   일

부부(夫婦)

오오 아내여, 나의 사랑!
하늘이 묶어준 짝이라고
믿고 삶이 마땅치 아니한가.
아직 다시 그러랴, 안 그러랴?
이상하고 별난 사람의 맘
저 몰라라, 참인지, 거짓인지?
정분으로 얽은 딴 두 몸이라면.
서로 어그점인들 또 있으랴.
한평생이라도 반백년
못 사는 인생에!
연분의 긴 실이 그 무엇이랴?
나는 말하려노라, 아무러나,
죽어서도 한 곳에 묻히더라.

가을 저녁에

물은 희고 길구나, 하늘보다도.
구름은 붉구나, 해보다도.
서럽다, 높아가는 긴 들 끝에
나는 떠돌며 울며 생각한다, 그대를.

그늘 깊어 오르는 발 앞으로
끝없이 나아가는 길은 앞으로.
키 높은 나무 아래로, 물마을은
성깃한 가지가지 새로 떠오른다.

그 누가 온다고 한 언약도 없건마는!
기다려 볼 사람도 없건마는!
나는 오히려 못물 가를 싸고 떠돈다.
그 못물로는 놀이 잦을 때.

닭 소리

그대만 없게 되면
가슴 뛰노는 닭 소리 늘 들어라.

밤은 아주 새어올 때
잠은 아주 달아날 때

꿈은 이루기 어려워라.

저리고 아픔이여
살기가 왜 이리 고달프냐.

새벽 그림자 산란한 들풀 위를
혼자서 거닐어라.

해가 산마루에 저물어도

해가 산마루에 저물어도
내게 두고는 당신 때문에 저뭅니다.

해가 산마루에 올라와도
내게 두고는 당신 때문에 밝은 아침이라고 할 것입니다.

땅이 꺼져도 하늘이 무너져도
내게 두고는 끝까지 모두 다 당신 때문에 있습니다.

다시는, 나의 이러한 맘뿐은, 때가 되면,
그림자같이 당신한테로 가오리다.

오오, 나의 애인(愛人)이었던 당신이여.

만나려는 심사

저녁해는 지고서 어스름의 길,
저 먼 산엔 어두워 잃어진 구름,
만나려는 심사(心事)는 웬 셈일까요,
그 사람이야 올 길 바이없는데,
발길은 누 마중을 가잔 말이냐.
하늘엔 달 오르며 우는 기러기.

기억

왔다고 할지라도 자취도 없는
분명치 못한 꿈을 맘에 안고서
어린 듯 대문 밖에 비껴 기대서
구름 가는 하늘을 바라봅니다.

바라는 볼지라도 하늘 끝에도
하늘은 끝에까지 꿈길은 없고
오고 가는 구름은 구름은 가도
하늘뿐 그리 그냥 늘 있습니다.

뿌리가 죽지 않고 살아 있으면
그 맘이 죽지 않고 살아 있으면
자갯돌 밭에서도 풀이 피듯이
기억의 가시밭에 꿈이 핍니다.

: 필사기록   년   월   일

봄밤

실버드나무의 검으스렷한 머리결인 낡은 가지에,
제비의 넓은 깃나래의 감색 치마에,
술집의 창 옆에, 보아라, 봄이 앉았지 않은가.

소리도 없이 바람은 불며, 울며 한숨지어라.
아무런 줄도 없이 섧고 그리운 새카만 봄밤
보드라운 습기는 떠돌며 땅을 덮어라.

무덤

그 누가 나를 헤내는 부르는 소리
불그스름한 언덕, 여기저기
돌무더기도 움직이며 달빛에,
소리만 남은 노래 서러워 엉겨라,
옛 조상들의 기록을 묻어둔 그곳!
나는 두루 찾노라, 그곳에서,
형적(形跡) 없는 노래 흘러 퍼져,
그림자 가득한 언덕으로 여기저기
그 누구가 나를 헤내는 부르는 소리.
부르는 소리, 부르는 소리,
내 넋을 잡아 끌어 헤내는 부르는 소리.

나는 세상 모르고 살았노라

"가고 오지 못한다" 하는 말을
철없던 내 귀로 들었노라
만수산(萬壽山)을 나서서
옛날에 갈라선 그 내님도
오늘날 뵈올 수 있었으면.

나는 세상 모르고 살았노라,
고락에 겨운 입술로는
같은 말도 조금 더 영리하게
말하게도 지금은 되었건만,
오히려 세상 모르고 살았으면!

"돌아서면 무심타"고 하는 말이
그 무슨 뜻인 줄을 알았으랴.
제석산(帝釋山) 붙는 불은
옛날에 갈라선 그 내님의
무덤에 풀이라도 태웠으면!

산유화(山有花)

산에는 꽃피네
꽃이 피네.
갈 봄 여름 없이
꽃이 피네.

산에
산에
피는 꽃은
저만치 혼자서 피어 있네.

산에서 우는 작은 새요
꽃이 좋아
산에서
사노라네.

산에는 꽃지네
꽃이 지네.
갈 봄 여름 없이
꽃이 지네.

애모(愛慕)

왜 아니 오시나요.
영창에는 달빛, 매화꽃이
그림자는 산란히 휘졌는데,
아이 눈 깍 감고 요대로 잠을 들자.

저 멀리 들리는 것!
봄철의 밀물 소리
물나라의 영롱한 구중궁궐(九重宮闕) 궁궐의 오요한 곳,
잠 못 드는 용녀(龍女)의 춤과 노래, 봄철의 밀물 소리.

어두운 가슴 속의 구석구석……
환연한 거울 속에, 봄 구름 잠긴 곳에,
소슬비 나리며, 달무리 둘려라.
이대도록 왜 아니 오시나요. 왜 아니 오시나요.

: 필사기록   년   월   일

님에게

한때는 많은 날을 당신 생각에
밤까지 새운 일도 없지 않지만
아직도 때마다는 당신 생각에
추거운 베갯 가의 꿈은 있지만

낮 모를 딴 생각의 네길거리에
애달피 날 저무는 갓스물이요.
캄캄한 어두운 밤 들에 헤매도
당신은 잊어버린 설움이외다.

당신을 생각하면 지금이라도
비오는 모래밭에 오는 눈물의
추거운 베갯 가의 꿈은 있지만
당신은 잊어버린 설움이외다.

꿈으로 오는 한 사람

나이 차라지면서 가지게 되었노라.
숨어 있던 한 사람이, 언제나 나의,
다시 깊은 잠 속의 꿈으로 와라.
붉으렷한 얼굴에 가늣한 손가락의,
모르는 듯한 거동(擧動)도 전날의 모양대로
그는 야젓이 나의 팔 위에 누워라.
그러나, 그래도 그러나!
말할 아무것이 다시 없는가!
그냥 먹먹할 뿐, 그대로
그는 일어라. 닭의 홰치는 소리.
깨어서도 늘, 길거리에 사람을
밝은 대낮에 빗보고는 하노라.

부귀공명(富貴功名)

거울 들어 마주온 내 얼굴을
좀더 미리부터 알았던들!
늙는 날 죽는 날을
사람은 다 모르고 사는 탓에,
오오 오직 이것이 참이라면,
그러나 내 세상이 어디인지?
지금부터 두여덟 좋은 년광(年光)
다시 와서 내게도 있을 말로
전보다 좀더 전보다 좀더
살음즉이 살런지 모르련만.
거울 들어 마주온 내 얼굴을
좀더 미리부터 알았던들!

: 필사기록   년   월   일

엄숙

나는 혼자 뫼 위에 올랐어라.
솟아 퍼지는 아침 햇볕에
풀잎도 번쩍이며
바람은 속삭여라.
그러나
아아 내 몸의 상처받은 맘이여,
맘은 오히려 저리고 아픔에 고요히 떨려라.
또 다시금 나는 이 한때에
사람에게 있는 엄숙을 모두 느끼면서.

빛

겨우나 새벽녘에 이룬 잠이
털빛 시컴한 개 한 마리
우리 집 대문 웃지방에
목 매달려 늘어져 디룽디룽
숨이 끊어지는 마지막 몸부림에
가위 눌려 깨어보니
멍클도 하다 내 마음에
무엇이 없는가, 아아 빛이로다.
아아 괴로워라, 내 마음의 가름째야.

맘에 있는 말이라고 다 할까 보냐

하소연하며 한숨을 지으며
세상을 괴로워하는 사람들이여!
말을 나쁘지 않도록 좋이 꾸밈은
닳아진 이 세상의 버릇이라고, 오오 그대들!
맘에 있는 말이라고 다 할까 보냐.
두세 번 생각하라, 우선 그것이
저부터 밑지고 들어가는 장사일진댄.
사는 법이 근심은 못 가른다고,
남의 설움을 남은 몰라라.
말 마라, 세상, 세상 사람은
세상에 좋은 이름 좋은 말로써
한 사람을 속옷마저 벗긴 뒤에는
그를 네길거리에 세워 놓아라, 장승도 마치 한가지.
이 무슨 일이냐, 그날로부터,
세상 사람들은 제가끔 제 비위(脾胃)의 헐한 값으로
그의 몸값을 매마자고 덤벼들어라.
오오 그러면, 그대들은 이후에라도
하늘을 우러르라, 그저 혼자, 섧거나 괴롭거나.

: 필사기록 년 월 일

들놀이

들꽃은
피어
흩어졌어라.

들풀은
들로 한 벌 가득히 자라 높았는데,
뱀의 헐벗은 묵은 옷은
길 분전(分傳)의 바람에 날아 돌아라.

저 보아, 곳곳이 모든 것은
번쩍이며 살아 있어라.
두 나래 펄쳐 떨며
소리개도 높이 떴어라.

때에 이내 몸
가다가 또다시 쉬기도 하며,
숨이 찬 내 가슴은
기쁨으로 채워져 사뭇 넘쳐라.
걸음은 다시금 또 더 앞으로……

바라건대는 우리에게 우리의 보습 대일 땅이 있었더면

나는 꿈꾸었노라, 동무들과 내가 가즈런히
벌 가의 하루 일을 다 마치고
석양에 마을로 돌아오는 꿈을,
즐거이, 꿈 가운데.

그러나 집 잃은 내 몸이여,
바라건대는 우리에게 우리의 보습 대일 땅이 있었더면!
이처럼 떠돌으랴, 아침에 저물손에
새라 새로운 탄식을 얻으면서.

동이랴, 남북이랴,
내 몸은 떠가나니, 볼지어다,
희망의 반짝임은, 별빛이 아득임은,
물결뿐 떠올라라, 가슴에 팔다리에.

그러나 어쩌면 황송한 이 심정을! 날로 나날이 내 앞에는
자칫 가느른 길이 이어가라. 나는 나아가리라
한 걸음, 또 한 걸음. 보이는 산비탈엔
온 새벽 동무들, 저 저혼자…… 산경(山耕)을 김매이는.

찬 저녁

퍼르스럿한 달은, 성황당의
군데군데 헐어진 담 모도리에
우둑히 걸리었고, 바위 위의
까마귀 한 쌍, 바람에 나래를 펴라.

엉긔한 무덤들은 들먹거리며,
눈 녹아 황토 드러난 멧기슭의,
여긔라, 거리 불빛도 떨어져 나와,
집 짓고 들었노라, 오오 가슴이여.

세상은 무덤보다도 다시 멀고
눈물은 물보다 더 더움이 없어라.
오오 가슴이여, 모닥불 피어오르는
내 한세상, 마당가의 가을도 갔어라.

그러나 나는, 오히려 나는
소리를 들어라, 눈석임물이 씨거리는,
땅 위에 누워서, 밤마다 누워,
담 모도리에 걸린 달을 내가 또 봄으로.

널

성촌(城村)의 아가씨들
널 뛰노나,
초파일 날이라고
널을 뛰지요.

바람 불어요
바람이 분다고!
담 안에는 수양의 버드나무
채색 줄 층층 그네 매지를 말아요.

담 밖에는 수양의 늘어진 가지
늘어진 가지는
오오 누나!
휘젓이 늘어져서 그늘이 깊소.

좋다 봄날은
몸에 겹지
널 뛰는 성촌의 아가씨네들
널은 사랑의 버릇이라오.

춘향과 이도령

평양의 대동강(大同江)은
우리나라에
곱기로 으뜸가는 가람이지요.

삼천리 가다가다 한가운데는
우뚝한 삼각산(三角山)이
솟기도 했소.

그래 옳소 내 누님, 오오 누이님
우리나라 섬기던 한 옛적에는
춘향(春香)과 이도령도 살았다지요.

이 편에는 함양(咸陽), 저 편에 담양(潭陽),
꿈에는 가끔가끔 산을 넘어
오작교(烏鵲橋) 찾아찾아 가기도 했소

그래 옳소 누이님, 오오 내 누님
해 돋고 달 돋아 남원(南原) 땅에는
성춘향 아가씨가 살았다지요.

분(粉) 얼굴

불빛에 떠오르는 새뽀얀 얼굴,
그 얼굴이 보내는 호젓한 냄새,
오고가는 입술의 주고받는 잔(盞),
가느스름한 손길은 아른대여라.

검으스러하면서도 붉으스러한
어렴풋하면서도 다시 분명(分明)한
줄그늘 위에 그대의 목소리,
달빛이 수풀 위를 떠 흐르는가.

그대하고 나하고 또는 그 계집
밤에 노는 세 사람, 밤의 세 사람,
다시금 술잔 위의 긴 봄밤은
소리도 없이 창 밖으로 새여 빠져라.

: 필사기록   년   월   일

추회(追悔)

나쁜 일까지라도 생의 노력,
그 사람은 선사(善事)도 하였어라.
그러나 그것도 허사라고!
나 역시 알지만은 우리들은
끝끝내 고개를 넘고 넘어
짐 싣고 닫던 말도 순막집의
허청(虛廳) 가 석양 손에
고요히 조으는 한때는 다 있나니,
고요히 조으는 한때는 다 있나니.

: 필사기록   년   월   일

엄마야 누나야

엄마야 누나야 강변 살자
들에는 반짝이는 금모래빛
뒷문 밖에는 갈잎의 노래
엄마야 누나야 강변 살자

: 필사기록 　　　년　　　월　　　일

금잔디

잔디,
잔디,
금잔디.
심심산천(深深山川)에 붙는 불은
가신 님 무덤 가에 금잔디.
봄이 왔네, 봄빛이 왔네.
버드나무 끝에도 실가지에,
봄빛이 왔네, 봄날이 왔네.
심심산천에도 금잔디에.

초혼(招魂)

산산이 부서진 이름이여!
허공 중에 헤어진 이름이여!
불러도 주인 없는 이름이여! 부르다가 내가 죽을 이름이여!

심중(心中)에 남아 있는 말 한마디는
끝끝내 마저 하지 못하였구나.
사랑하던 그 사람이여! 사랑하던 그 사람이여!

붉은 해는 서산마루에 걸리었다.
사슴의 무리도 슬피 운다.
떨어져 나가 앉은 산 위에서 나는 그대의 이름을 부르노라.

설움에 겹도록 부르노라. 설움에 겹도록 부르노라.
부르는 소리는 비껴가지만
하늘과 땅 사이가 너무 넓구나.

선 채로 이 자리에 돌이 되어도
부르다가 내가 죽을 이름이여!
사랑하던 그 사람이여! 사랑하던 그 사람이여!

: 필사기록   년   월   일

산(山)

산새도 오리나무
위에서 운다.
산새는 왜 우노, 시메산골
영(嶺) 넘어 갈라고 그래서 울지.

눈은 내리네, 와서 덮이네.
오늘도 하룻길
칠팔십리
돌아서서 육십리는 가기도 했소.

불귀(不歸), 불귀, 다시 불귀,
삼수갑산(三水甲山)에 다시 불귀.
사나이 속이라 잊으련만,
십오년 정분을 못 잊겠네

산에는 오는 눈, 들에는 녹는 눈.
산새도 오리나무
위에서 운다.
삼수갑산 가는 길은 고개의 길.

: 필사기록   년   월   일

밭고랑 위에서

우리 두 사람은
키 높이 가득 자란 보리밭, 밭고랑 위에 앉았어라.
일을 필(畢)하고 쉬는 동안의 기쁨이여.
지금 두 사람의 이야기에는 꽃이 필 때.

오오 빛나는 태양은 내려 쪼이며
새 무리들도 즐거운 노래, 노래 불러라.
오오 은혜여, 살아있는 몸에는 넘치는 은혜여,
모든 은근스러움이 우리의 맘 속을 차지하여라.

세계의 끝은 어디? 자애의 하늘은 넓게도 덮였는데,
우리 두 사람은 일하며, 살아있어서,
하늘과 태양을 바라보아라, 날마다 날마다도,
새라 새로운 환희를 지어내며, 늘 같은 땅 위에서.

다시 한번 활기 있게 웃고 나서, 우리 두 사람은
바람에 일리우는 보리밭 속으로
호미 들고 들어갔어라, 가즈런히 가즈런히
걸어 나아가는 기쁨이여, 오오 생명의 향상이여.

꿈꾼 그 옛날

밖에는 눈, 눈이 와라,
고요히 창(窓) 아래로는 달빛이 들어라.
어스름 타고서 오신 그 여자(女子)는
내 꿈의 품속으로 들어와 안겨라.

나의 베개는 눈물로 함빡이 젖었어라.
그만 그 여자는 가고 말았느냐.
다만 고요한 새벽, 별 그림자 하나가
창 틈을 엿보아라.

강촌(江村)

날 저물고 돋는 달에
흰물은 쏼쏼……
금모래 반짝…….
청노새 몰고 가는 낭군(郎君)!
여기는 강촌
강촌에 내 몸은 홀로 사네.
말하자면, 나도 나도
늦은 봄 오늘이 다 진(盡)토록
백년처권(百年妻眷)을 울고 가네.
길쎄 저문 나는 선비,
당신은 강촌에 홀로된 몸.

: 필사기록 　　　년　　월　　일

밤

홀로 잠들기가 참말 외로워요.
맘에는 사무치도록 그리워 와요
이리도 무던히
아주 얼굴조차 잊힐 듯해요.

벌써 해가 지고 어두운데요,
이곳은 인천(仁川)에 제물포(濟物浦), 이름난 곳,
부슬부슬 오는 비에 밤이 더디고
바다 바람이 춥기만 합니다.

다만 고요히 누워 들으면
다만 고요히 누워 들으면
하이얗게 밀어드는 봄 밀물이
눈 앞을 가로막고 흐느낄 뿐이야요.

: 필사기록   년   월   일

실제(失題)1

동무들 보십시오 해가 집니다
해지고 오늘날은 가노랍니다
웃옷을 잽시빨리 입으십시오
우리도 산마루로 올라갑시다

동무들 보십시오 해가 집니다
세상의 모든 것은 빛이 납니다
이제는 주춤주춤 어둡습니다
예서 더 저문 때를 밤이랍니다

동무들 보십시오 밤이 옵니다
박쥐가 발부리에 일어납니다
두 눈을 인제 그만 감으십시오
우리도 골짜기로 내려갑시다

: 필사기록   년   월   일

실제(失題)2

이 가람과 저 가람이 모두 쳐흘러
그 무엇을 뜻하는고?

미더움을 모르는 당신의 맘

죽은 듯이 어두운 깊은 골의
꺼림칙한 괴로운 몹쓸 꿈의
푸르죽죽한 불길은 흐르지만
더듬기에 지친 두 손길은
불어가는 바람에 식히셔요.
밝고 호젓한 보름달이
새벽의 흔들리는 물 노래로
수줍음에 추움에 숨을 듯이
떨고 있는 물밑은 여기외다.

미더움을 모르는 당신의 맘

저 산과 이 산이 마주 서서
그 무엇을 뜻하는고?

: 필사기록   년   월   일

그를 꿈꾼 밤

야밤중, 불빛이 발갛게
어렴풋이 보여라.

들리는 듯 마는 듯
발자국 소리.
스러져가는 발자국 소리.

아무리 혼자 누워 몸을 뒤채도
잃어버린 잠은 다시 안 와라.

야밤중, 불빛이 발갛게
어렴풋이 보여라.

부모(父母)

낙엽이 우수수 떨어질 때
겨울의 기나긴 밤
어머님하고 둘이 앉아
옛이야기 들어라.

나는 어쩌면 생겨 나와
이 이야기 듣는가?
묻지도 말아라, 내일 날에
내가 부모 되어서 알아보리라.

반달

희멀끔하여 떠돈다, 하늘 위에,
빛죽은 반달이 언제 올랐나!
바람은 나온다, 저녁은 춥구나,
흰 물가엔 뚜렷이 해가 드누나.

어두컴컴한 풀 없는 들은
찬 안개 위로 떠흐른다.
아, 겨울은 깊었다, 내 몸에는,
가슴이 무너져 내려앉는 이 설움아!

가는 님은 가슴에 사랑까지 없애고 가고
젊음은 늙음으로 바뀌어 든다.
들가시나무의 밤드는 검은 가지
잎새들만 저녁빛에 희끄무레 꽃지듯 한다.

비단 안개

눈들이 비단 안개에 둘리울 때,
그때는 차마 잊지 못할 때러라.
만나서 울던 때도 그런 날이요,
그리워 미친 날도 그런 때러라.

눈들이 비단 안개에 둘리울 때,
그때는 홀목숨은 못 살 때러라.
눈 풀리는 가지에 당치마귀로
젊은 계집 목매고 달릴 때러라.

눈들이 비단 안개에 둘리울 때,
그때는 종달새 솟을 때러라.
들에랴, 바다에랴, 하늘에서랴,
아지 못할 무엇에 취할 때러라.

눈들이 비단 안개에 둘리울 때,
그때는 차마 잊지 못할 때러라.
첫사랑 있던 때도 그런 날이요,
영이별 있던 날도 그런 때러라.

개아미

진달래 꽃이 피고
바람은 버들가지에서 울 때,
개아미는
허리 가늣한 개아미는
봄날의 한나절, 오늘 하루도
고달피 부지런히 집을 지어라.

서로 믿음

당신한테 물어볼까 내 생각은
이 물과 저 물이 모두 흘린 무엇을 뜻함이 있느냐고?
죽은 듯이 고요한 골짜기엔
꺼림칙한 괴로운 몹쓸 꿈만
빛 검은 불이 되어 흐르지요.

품안아 올려 눕힌 나의 당신
눈 없이 어릅쓰는 이 손길은
시로 내 가슴에서 치우세요.
그러나 이보세요 여기야요, 밝고 호젓한 보름달이.

새벽의 흔들리는 물노래로
부끄러워서 무서워 숨을 듯이
떨고 있는 물밑을 못 보세요.
아직 그래도 나의 당신 머뭇거림이 있는가요.
저 산과 이 산이 마주 서선
무엇을 뜻하는 줄 아시나요.

한식(寒食)

이슥한 밤, 밤기운 서늘할 제
홀로 창턱에 걸터앉아 두 다리 늘이우고,
첫 머구리 소리를 들어라.
애처롭게도, 그대는 먼저 혼자서 잠드누나.

내 몸은 생각에 잠잠할 때. 희미한 수풀로서
촌가(村家)의 액맥이제 지내는 불빛은 새어오며,
이윽고, 비난수도 머구리 소리와 함께 잦아져라.
가득히 차오는 내 심령(心靈)은…… 하늘과 땅 사이에.

나는 무심히 일어 걸어 그대의 잠든 몸 위에 기대어라.
움직임 다시 없이, 만뢰(萬籟)는 구적(俱寂)한데,
조요(照耀)히 내려 비추는 별빛들이
내 몸을 이끌어라, 무한(無限)히 더 가깝게.

저녁때

마소의 무리와 사람들은 돌아들고, 적적히 빈 들에,
엉머구리 소리 우거져라.
푸른 하늘은 더욱 낮추, 먼 산 비탈길 어둔데
우뚝우뚝한 드높은 나무, 잘 새도 깃들어라.

볼수록 넓은 벌의
물빛을 물끄러미 들여다보며
고개 수그리고 박은 듯이 홀로 서서
긴 한숨을 짓느냐, 왜 이다지!

온 것을 아주 잊었어라, 깊은 밤 예서 함께
몸이 생각에 가비엽고, 맘이 더 높이 떠오를 때.
문득, 멀지 않은 갈숲 새로
별빛이 솟구어라.

꿈길

물구슬의 봄 새벽 아득한 길
하늘이며 들 사이에 넓은 숲
젖은 향기 불긋한 잎 위의 길
실그물의 바람 비쳐 젖은 숲
나는 걸어가노라 이러한 길
밤저녁의 그늘진 그대의 꿈
흔들리는 다리 위 무지개 길
바람조차 가을 봄 걷히는 꿈

원앙침(鴛鴦枕)

바드득 이를 갈고 죽어 볼까요
창가에 아롱아롱 달이 비친다.

눈물은 새우잠의 팔굽베개요
봄꿩은 잠이 없어 밤에 와 운다.

두동달이베개는 어디 갔는고
언제는 둘이 자던 베갯머리에
'죽자 사자' 언약도 하여 보았지.

봄메의 멧기슭에 우는 접동도
내 사랑 내 사랑 좋이 울것다.

두동달이베개는 어디 갔는고
창가에 아롱아롱 달이 비친다.

건강한 잠

상냥한 태양이 씻은 듯한 얼굴로
산속의 고요한 거리 위를 쓴다.
봄 아침 자리에서 갓 일어난 몸에
홑것을 걸치고 들에 나가 거닐면
산뜻이 살에 숨는 바람이 좋기도 하다.
뾰죽뾰죽한 풀 엄을
밟는가봐, 저어
발도 사뿐히 가려 놓을 때
과거의 십년 기억은 머리 속에 선명하고
오늘날의 보람 많은 계획이 확실히 선다.
마음과 몸이 아울러 유쾌한 간밤의 잠이여.

무신(無信)

그대가 돌이켜 물을 줄도 내가 아노라,
"무엇이 무신함이 있더냐?" 하고,
그러나 무엇하랴 오늘날은
야속히도 당장에 우리 눈으로
볼 수 없는 그것을, 물과 같이
흘러가서 없어진 맘이라고 하면.

검은 구름은 멧기슭에서 어정거리며,
애처롭게도 우는 산의 사슴이
내 품에 속속들이 붙안기는 듯.
그러나 밀물도 쌓이고 밤은 어두워
닻 주었던 자리는 알 길이 없어라.
시정(市井)의 흥정 일은
외상으로 주고받기도 하건마는.

기분전환

땀, 땀, 여름 볕에 땀 흘리며
호미 들고 밭고랑 타고 있어도,
어디선지 종달새 울어만 온다,
헌출한 하늘이 보입니다요, 보입니다요.

사랑, 사랑, 사랑에 어스름을 맞은 님
오나 오나 하면서, 젊은 밤을 한소시 조바심할 때,
밟고 섰는 다리 아래 흐르는 강물!
강물에 새벽빛이 어립니다요, 어립니다요.

기회(機會)

강 위에 다리는 놓였던 것을!
건너가지 않고서 바재는 동안
'때'의 거친 물결은 볼 새도 없이
다리를 무너치고 흘렀습니다.

먼저 건넌 당신이 어서 오라고
그만큼 부르실 때 왜 못 갔던가!
당신과 나는 그만 이편 저편서
때때로 울며 바랄 뿐입니다려.

고향(故鄕)

1

짐승은 모르나니 고향이나마
사람은 못 잊는 것 고향입니다.
생시에는 생각도 아니하던 것
잠들면 어느덧 고향입니다.

조상님 뼈 가서 묻힌 곳이라
송아지 동무들과 놀던 곳이라
그래서 그런지도 모르지마는
아, 꿈에서는 항상 고향입니다.

: 필사기록   년   월   일

2
봄이면 곳곳이 산새 소리
진달래 화초 만발하고
가을이면 골짜구니 물드는 단풍
흐르는 샘물 위에 떠내린다.

바라보면 하늘과 바닷물과
차 차 차 마주붙어 가는 곳에
고기잡이배 돛 그림자
어기엇차 디엇차 소리 들리는 듯.

: 필사기록   년   월   일

3
떠도는 몸이거든
고향이 탓이 되어
부모님 기억 동생들 생각
꿈에라도 항상 그 곳에서 뵈옵니다.

고향이 마음속에 있습니까,
마음 속에 고향도 있습니다.
제 넋이 고향에 있습니까,
고향에도 제 넋이 있습니다.

4
물결에 떠내려간 부평(浮萍) 줄기
자리잡을 새도 없네.
제자리로 돌아갈 날 있으랴마는
괴로운 바다 이 세상의 사람인지라 돌아가리.

고향을 잊었노라 하는 사람들
나를 버린 고향이라 하는 사람들
죽어서만 천애일방(天涯一方) 헤매지 말고
넋이라도 있거들랑 고향으로 네 가거라.

절제(節制)

튼튼한 몸이라고 몹시 쓸 줄 또 있으랴
쓸데야 안 쓰랴만 부질없이 안 쓸 것이
늘 써야 하는 이 몸이 한평생인가 합니다.

물보다 무흠튼 몸 진흙 외려 탓이 없다.
불보다 밝든지 해거멍만도 못하여라
바람같이 활발턴 기개 망두석 부끄러합니다.

자는 잠, 잠 아니라 귀신 사람 그 새외다,
먹는 밥, 밥 아니라 흙을 씹는 맛이외다,
게다가 하는 생각이라고 먹물인 듯합니다.

죽자면 모르지만 명(命) 아닌데 죽을 것가.
살자면 사는 동안 몸부터 튼튼코야
튼튼치 못한 몸을 튼튼히 쓰랴합니다.

질기다면 질긴 것이 사람 몸에 위 없으리.
하자고 마구 쓰면 질긴 것은 어디 있노.
하여튼 방금에 괴로운 몸을 서러합니다.

넝쿨타령

칡넝쿨이 에헤요 벋을 적만 같아서는
가을철이 어리얼시 있을 법도 않더니만,
하룻밤도 찬 서리에 에헤요 에헤야
맥(脈)이 풀려 잎들만 시들더라 에헤요 시들더라.

복사꽃이 에헤요 필 적만 같아서는
천하(天下) 나비 어리얼시 다 모을 것 같더니만,
급기야에 봄이 가니 에헤요 에헤야
어느 나비 한 마리 못 잡더라 에헤요 못 잡더라.

박넝쿨이 에헤요 벋을 적만 같아서는
온 세상을 어리얼시 뒤덮을 것 같더니만,
초가삼간 다 못 덮고 에헤요 에헤야
둥글박만 댕글이 달리더라 에헤요 달리더라.

: 필사기록   년   월   일

■ 김기태의 초판본 이야기

우리 정서를 농축시켜 빚은 국민 애송시 '진달래꽃'이 담긴 시집

_ 김소월 시집 / 진달래꽃 / 숭문사 / 1951년 11월 21일 발행

문학작품을 수록한 도서 최초로 문화재가 된 시집 『진달래꽃』

글을 읽을 줄 아는 한국인이라면 "나 보기가 역겨워 가실 때에는 말없이 고이 보내드리오리다~~"로 시작되는 시 '진달래꽃'을 모르는 이가 과연 있을까. 바로 이 작품을 표제작으로 삼은 시집 『진달래꽃』은 소월(素月) 김정식(金廷湜, 1902~1934) 시인이 남긴 유일한 작품집이다. 그리고 이 시집은 문학작품을 담고 있는 책으로는 최초로 우리 문화재가 되었다. 2011년 문화재청은 김소월 생전이었던 1925년 12월 26일 매문사(賣文社)에서 발행한 『진달래꽃』 초판본 2종 4점을 문화재 제470호로 등록한다고 발표했다. 그런데 같은 시집임에도 제470-1호로 등록된 『진달래꽃』의 총판매소는 중앙서림이고, 제470-2호부터 4호로 등록된 시집의 총판매소는 한성도서주식회사라는 점이 특이하다. 나아가 중앙서림 판본과 한성도서주식회사 판본은 장정을 포함한 편집체재가 다르고, 내용에도 일부 차이가 있다. 아래 표지 그림에서 볼 수 있는 것처럼 중앙서림 판본 표지(왼쪽)에는 그림이 없고 제목을 포함한 글자가 모두 활자체이지만, 한성도서주식회사 판본 표지(오른쪽)에는 진달래꽃과 괴석 그림을 크게 넣었으며 시집 제목 등이 필기체로 이루어져 있다. 그리고 당시 매문사에서는 『진달래꽃』 초간본을 200여 권만 발행했다고 하니 처음에 김소월은 일반 독자에게 거의 알려지지 않은 무명시인이었음을 알 수 있다. 그렇게 잊힐 수도 있었던 소월의 시는 광복 이후에 결코 꺼지지 않을 불꽃으로 되살

아났고, 오늘날 소월은 모든 국민들에게 각별한 '우리 시인', 곧 국민시인으로 기억되고 있다.

한편, 다음에서 보는 것처럼 문화재청 홈페이지에서 찾은 '김소월 시집 진달래꽃 초판본, 문화재 등록예고'(2010년 10월 14일 작성)라는 글을 보면 시집 『진달래꽃』이 문화재로 등록된 배경을 짐작할 수 있다.

> 짧은 문단생활 동안 백오십여 편의 시를 남긴 소월은 토속적·전통적 정서를 절제된 가락 속에 담은 서정시인으로 출발하였지만, 점차 식민치하의 암담한 현실을 표현한 민족시인으로 변모하였다. 시집『진달래꽃』은 소월의 사후에도 수많은 출판사들에 의해 발간되었고 오늘날까지도 많은 사랑을 받고 있다. 시집에는 고대시가인 '가시리'와 '아리랑'의 맥을 잇는 이별가의 백미 '진달래꽃'을 비롯하여 '먼후일', '산유화', '엄마야 누나야' 등 우리 민족에게 가장 사랑 받는 작품들이 수록되어 있다.
> 1925년 12월 26일 매문사에서 간행한 시집『진달래꽃』초판본은 총판매소에 따라 '한성도서주식회사' 총판본과 '중앙서림' 총판본 두 가지의 형태로 간행되었다. 두 판본은 간행시기와 본문 내용은 일치하나 겉표지(꽃그림의 유무 등)와 속표지가 다르고 한성도서주식회사 총판본의 한글 표기상 오류가 중앙서림본에서는 보이지 않는다. 이번에 등록예고되는 유물은 한성도서주식회사(漢城圖書株式會社) 총판본 3점(배재학당역사박물관 1, 개인 소장 2), 중앙서림(中央書林) 총판본 1점(개인 소장)으로, 소월이 1923년에 배재학당(배재고등보통학교)을 졸업하였다는 점, 도서의 전체적인 보존상태가 가장 양호한 점 등을 고려해 등록 예고 대상으로 선정했다. 문화재청은 30일간 소유자를 비롯한 각계의 의견을 수렴한 후, 문화재로 공식 등록할 계획이다.

생전의 삶은 기구하고 곤궁하기 짝이 없었던 비운의 시인 김소월

소월 김정식은 평안북도 구성(龜城)에서 태어났다. 두 살 무렵 아버지가 평북 정주(定州)와 곽산(郭山) 사이의 철도를 부설하던 일본인 목도꾼[1]들에게 폭행을 당하여 정신병을 앓게 되는 바람에 곽산에서 광산업을 하던 할아버지 밑에서 성장한 것으로 알려져 있다. 남산학교(南山學校)를 거쳐 오산학교(五山學校) 중학부에 다니던 중 3·1운동 직후 한때 폐교되자 배재고등보통학교에 편입하여 학업을 마쳤다. 오산학교 시절에 교장으로 있었던 조만식(曺晩植, 1883~1950)을 비롯하여 서춘(徐椿, 1894~1944)·이돈화(李敦化, 1884~1950)·김억(金億, 1896~?) 등으로부터 배웠는데 이때 그의 재능을 알아본 김억을 만난 것이 그의 시작(詩作) 활동에 절대적 영향을 끼치게 되었다.

오산학교 재학 시절이었던 1916년에 같은 고향 동네에서 나고 자란 홍단실과 결혼했으며, 슬하에 4남 2녀를 두었다. 1923년 일본 동경상과대학 전문부에 입학했으나 9월 관동대지진이 발생하자 학업을 접고 귀국했다. 일본에서 귀국한 뒤 할아버지가 경영하는 광산 일을 도우며 생활했으나 광산업이 실패하는 바람에 가세가 크게 기울어져 처가가 있는 구성군으로 이사했다. 그곳에서 동아일보 지국을 맡아 운영했으나 이마저 실패한 뒤 심한 염세증에 빠진데다 생활고까지 겹쳐서 생에 대한 의욕을 잃기 시작한 것으로 보인다.[2]

김소월 시인으로서는 안 된 일이지만 생전에는 그리 주목을 받지 못했던 그의 작품들이 광복 이후에나마 전 국민의 관심사로 떠오른 데에는 교과서의 힘이 컸다. 미 군정기였던 1946~1947년에 발행된 국어 교과서에 「엄마야 누나야」와 「초혼」이 실렸고, 1963년 제2차 교육과정 당시 발행된 국어 교과서에도 「금잔디」와 「진달래꽃」이 동시에 실림으로써 우리 근·현대문학을 대표하는 작품으로 되살아났기 때문이다.

한편, 김소월의 시인으로서의 작품 활동은 1920년 《창조》에 시 「낭인(浪人)의 봄」·「야(夜)의 우적(雨滴)」·「오과(午過)의 읍(泣)」·「그리워」·「춘강(春崗)」 등을 발표하면서 시작되었다. 작품발표가 활발해지기 시작한 것은

---

1) 목도라는 말은 "두 사람 또는 그 이상의 사람이 짝이 되어 뒷덜미에 몽둥이를 얹어 무거운 물건을 함께 메어 나르는 일"을 뜻하며, 목도꾼은 그러한 일을 직업으로 삼은 사람, 곧 "목도하여 물건을 나르는 일꾼"을 가리킨다.
2) 류머티즘으로 고생을 하다가 1934년 12월 24일 평안북도 곽산 자택에서 뇌졸중으로 세상을 떠났는데, 향년 33세였다. 이틀 전, "여보, 세상은 참 살기 힘든 것 같구려."라면서 우울해했다고 한다. 이 때문에 김소월이 자살한 것 아니냐는 추측이 나오기도 했다. 김소월의 증손녀가 증언한 바로는, 김소월은 심한 관절염을 앓고 있었고 통증을 완화하기 위해 아편을 먹곤 했다고 한다. 따라서 아편 과다복용의 후유증으로 인해 세상을 떠난 것이 아니냐는 설도 있다. (출처: 위키백과 [김소월]) 한편, 한국민족대백과사전 [김소월]에 따르면 ",전략) 1930년대에 들어서 작품활동은 저조해졌고 그 위에 생활고가 겹쳐서 생에 대한 의욕을 잃기 시작하였다. 그리하여 1934년에 고향 곽산에 돌아가 아편을 먹고 자살하였다.〈후략〉"고 적고 있다.

1922년 배재고등보통학교에 진학하면서부터인데, 주로 잡지 《개벽》을 무대로 이루어졌다. 이 무렵 발표한 대표작들로는, 1922년 《개벽》에 실린 「금잔디」·「첫치마」·「엄마야 누나야」·「진달래꽃」·「개여울」·「제비」·「강촌(江村)」 등이 있고, 1923년 같은 잡지에 실린 「예전엔 미처 몰랐어요」·「삭주구성(朔州龜城)」·「가는 길」·「산(山)」과 함께 《배재》 2호에 게재한 「접동」, 《신천지》에 실린 「왕십리(往十里)」 등이 있다. 그 뒤 김억이 주도한 《영대(靈臺)》 동인으로 참가했다. 이 무렵에는 《영대》에 「밭고랑 위에서」(1924)·「꽃촉(燭)불 켜는 밤」(1925)·「무신(無信)」(1925) 등을, 《동아일보》에 「나무리벌노래」(1924)·「옷과 밥과 자유」(1925)를, 《조선문단》에 「물마름」(1925)을, 《문명(文明)》에 「지연(紙鳶)」(1925)을 발표했다. 소월의 이러한 작품활동은 1925년 시집 『진달래꽃』을 내고 1925년 5월 《개벽》에 시론 「시혼(詩魂)」을 발표함으로써 절정에 이르렀다. 시집 『진달래꽃』에는 소월의 모든 작품이라고 할 수 있는 126편이 수록되었다.[3] 시집 발행 당시 소월의 나이는 만 23세였다.

수백 종의 같고도 다른 시집으로 되살아난 『진달래꽃』

1950년 2월 5일 서울 소재 출판사 숭문사(崇文社)에서 1925년 출판되었던 『진달래꽃』 초간본을 바탕으로 한 첫 이본(異本) 시집이 발행되었다. 하지만 같은 해 6월 한국전쟁이 터지는 바람에 숭문사 판본은 절판되고 말았다. 그런데 놀랍게도 전쟁이 한창이던 1951년에 서울에서 숭문사 판 『진달래꽃』이 다시 발행되었다. 그것도 3월에 이어 11월에 쇄를 거듭하여 발행된 것으로 알려져 있다. 여기에 소개하는 『진달래꽃』은 1951년 11월 21일 발행된 것이다.[4]
전쟁이 계속되고 있는 암울한 상황 속에서도 시집이 발행되고 나아가 쇄를 거듭했다는 사실은 당시 민중들이 생사(生死)를 넘나들면서 미처 돌보기 힘들었던 몸과 마음의 상처를 김소월의 시가 어루만져 주었기 때문이

---
3) 1977년 소월 사후 43년 만에 그의 시작 노트를 발견했는데, 여기에 실린 시 가운데 스승 김억이 이미 발표한 게 있어 사람들을 놀라게 했다. 김억이 제자의 시를 자신의 시로 발표했던 것이다. 출처: 위키백과 [김소월]
4) 숭문사 판본 『진달래꽃』은 2016년에 복각본으로 출간되어 다시 독자들의 관심을 끌어모은 바 있다.

었을 것이다. 이렇듯 소월의 시집은 나오기 무섭게 팔려나갔다고 한다. 그리하여 이후로 우리 출판계는 『진달래꽃』 특수(特需)를 누리게 된다. 관련 보도를 종합해 보면 2017년 현재까지 600여 종이 출간되었고 600만 부 이상이 팔린 것으로 추산되고 있다. 저작권 보호대상이 아니다 보니 시집 제목도 '진달래꽃'을 비롯하여 '소월시집', '못잊어', '초혼', '금잔디', '임의 노래', '예전엔 미처 몰랐어요', '기억', '님과 벗에게', '먼 후일', '고적한 날', '나는 세상 모르고 살았노라', '엄마야 누나야', '소월 시선' 등 각양각색으로 출판되었다. 심지어는 김소월이 남긴 시의 제목이 아닌 '물망초'라는 이름으로 출판되기도 했으며, '소월 시 전집' '소월 명시집,' '원본 소월시집', '소월 시 감상집' 등의 다양한 제목을 달고 발행되기도 했다. 또한 소월의 시들은 영어, 프랑스어, 일어, 중국어, 베트남어 등으로 번역되어 전 세계로 퍼져나갔다.

 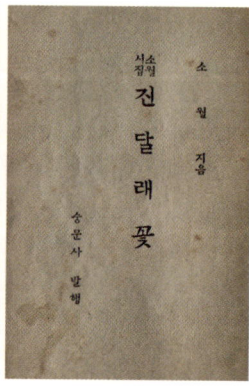 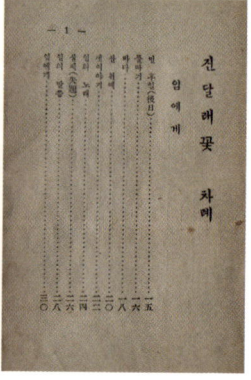

또, 숭문사 판본 『진달래꽃』은 1925년에 발행된 최초판본에 이어 광복 이후 처음 발행된 판본이라는 점에서 의미가 있다. 특히 6·25전쟁 중에 나온 판본이라는 점에서 당시 출판 상황 및 인쇄술 수준을 엿볼 수 있는 자료로서의 가치도 간과할 수 없다. 먼저 가로 127mm, 세로 183mm 크기의 오른쪽매기 무선철(無線綴) 제책방식으로 만들어진 이 책의 표지를 보면 진노랑 바탕에 청자와 백자, 나무와 표주박 등의 이미지가 오른편에

치우쳐 배치되어 있고, 왼편으로는 필기체 세로글씨로 '소월시집(素月詩集) 진달래꽃'이란 제목이 자리 잡고 있다. 아마도 김소월의 시에 담긴 민족의 정서 또는 정한(情恨)을 함축적으로 표현한 것이 아닐까 싶다. 다만, 표지 그림을 그린 사람에 대한 정보가 없기에 안타까울 따름이다. 표지를 넘기면 면지가 나오고 그 다음에 나오는 속표지를 보면 이번에는 아무런 이미지 없이 '소월 지음 / 소월시집 진달래꽃 / 숭문사 발행'이란 글자가 활자체 세로글씨로 새겨져 있다. 그다음으로는 모두 12쪽에 걸쳐 차례가 펼쳐져 있으며, 그에 따른 전체 구성과 시편 제목을 보면 다음과 같다.

이처럼 1951년 11월에 숭문사에서 발행된 『진달래꽃』에는 1925년 매문사 판본과 거의 비슷한 편집체재로, 다만 표기에 있어서 일부 다르게 김소월 시인이 평생 써 모은 126편의 시가 실려 있

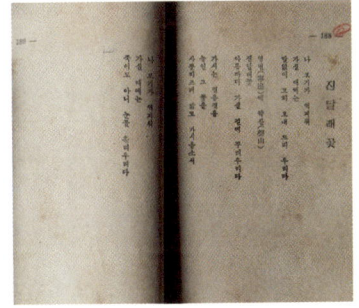

임에게	먼 후일(後日) / 풀따기 / 바다 / 산 위에 / 옛이야기 / 임의 노래 / 실제(失題) / 임의 말씀 / 임에게 / 마른강 두덕에서
봄밤	봄밤 / 밤 / 꿈으로 오는 한 사람 / 꿈꾼 그 옛날
두 사람	눈 오는 저녁 / 자주(紫朱) 구름 / 두 사람 / 못 잊어 / 닭 소리 / 예전엔 미처 몰랐어요 / 자나 깨나 앉으나 서나 / 해가 산마루에 저물어도
무주공산(無主空山)	꿈 / 맘 켕기는 날 / 하늘 끝 / 개미 / 제비 / 부엉새 / 만리성(萬里城) / 수아(樹芽)
한때 한때	담배 / 실제(失題) / 어버이 / 부모 / 후살이 / 잊었던 밤 / 비단 안개 / 기억 / 애모(愛慕) / 몹쓸 꿈 / 봄비 / 그를 꿈꾼 밤 / 여자의 냄새 / 분얼굴 / 서울 밤 / 아내 몸

반달	가을 아침에 / 가을 저녁에 / 반달
귀뜨람이	만나려는 심사 / 옛낯 / 깊이 믿는 심성(心誠) / 꿈 / 임과 벗 / 지연(紙鳶) / 오시는 눈 / 설움의 덩이 / 낙천(樂天) / 바람과 봄 / 눈 / 깊고 깊은 언약 / 붉은 조수(潮水) / 남의 나라땅 / 천리만리(千里萬里) / 생(生)과 사(死) / 고기잡이(漁人) / 귀뚜라미 / 달빛(月色)
바다가 변하여 뽕나무밭 된다고	불운에 우는 그대여 / 바다가 변하여 뽕나무밭 된다고 / 맘에 있는 말이라고 다할까보냐 / 황촉(黃燭)불 / 훗길 / 부부 / 나의 집 / 새벽 / 구름
여름의 달밤 (외 이편)	여름의 달밤 / 오는 봄 / 물마름
바리운 몸	바리운 몸 / 우리 집 / 들 돌이 / 바라건대는 우리에게 우리의 보습대일 땅이 있었더면 / 밭고랑 위에서 / 저녁때 / 합장(合掌) / 묵념(默念) / 엄숙
고독(孤獨)	열락(悅樂) / 비난수하는 밤 / 찬 저녁 / 초혼(招魂) / 무덤
여수(旅愁)	여수(一) / 여수(二)
진달래꽃	길 / 개여울의 노래 / 개여울 / 가는 길 / 왕십리(往十里) / 원앙침(鴛鴦枕) / 무심(無心) / 산 / 진달래꽃 / 삭주구성(朔州龜城) / 널 / 춘향(春香)과 이도령(李道令) / 접동새 / 집 생각 / 산유화(山有花)
꽃촉불 켜는 밤	꽃촉불 켜는 밤 / 부귀공명(富貴功名) / 추회(追悔) / 무신(無信) / 사노라면 사람은 죽는 것을 / 하다못해 죽어 달라가 옳나 / 희망(希望) / 전망(展望) / 나는 세상 모르고 살았노라 / 꿈길
금잔디	금잔디 / 강촌(江村) / 첫치마 / 달맞이 / 엄마야 누나야
닭은 꼬끼오	닭은 꼬끼오

다. 차례에서 '여수(旅愁)'라는 제목의 시에 번호를 붙여 나누어 놓아 자칫 127편의 시가 실려 있는 것처럼 보이나, 실제 본문에는 하나의 제목에 연이은 한 편의 시로 실려 있다. 이 시집은 「먼 후일(後日)」이란 시로 시작되고 있으며, 표제작이자 소월의 대표시 「진달래꽃」은 188쪽과 189쪽에 걸쳐 실려 있고, 맨 마지막에 실린 작품은 「닭은 꼬끼오」이다. 그밖에 같은 단어임에도 소제목에서는 '귀뜨람이'로, 시제목에서는 '귀뜨라미'로 표기하는 등 교정상의 실수들이 더러 보인다.

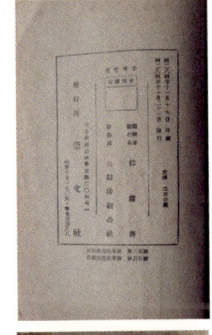

마지막으로, 간기면을 보면 인쇄일은 단기 4284년(1951년) 11월 19일, 발행일은 11월 21일이었으며, 책값은 '230환(圜)'이다. 편집 겸 발행자는 '한용선(韓鏞善)', 인쇄소는 '대한인쇄공사'로 표기되어 있다. 그리고 발행소는 '숭문사'로 당시 주소는 서울시 종로구 세종로 206의 1, 출판사 등록번호는 제35호, 인쇄소

등록번호는 제105호로 각각 나타나 있다. 여기서 편집 겸 발행자로 나오는 '한용선'은 일제강점기 때 한성도서주식회사 영업부장을 거쳐 일제 말기에 잠시 낙향했다가 광복 후 상경하여 숭문사를 차린 인물이다. 맨 뒤표지에는 별다른 특이점 없이 중앙에 출판사 로고를 배치하고 하단에 출판사 이름을 표기하고 있다.

가곡으로, 대중가요로 불리며 국민 정서를 함양한 소월의 시편들
우리나라 사람들이 가장 좋아하는 시인을 고르라면 단연코 소월일 수밖에 없는 이유 가운데 하나가 바로 그의 시편 상당수가 노랫말이 되었다는 점이다. 비교적 최근에는 가수 마야가 부른 '진달래꽃'과 민지의 '초혼' 같은 노래가 젊은 층에 널리 알려져 있지만, 오래 전부터 널리 불린 '부모'를 비롯해 '못 잊어', '개여울', '엄마야 누나야' 같은 노래의 가사들이 모두 소월의 시다. 장르도 다양해서 트로트, 재즈, 록, 팝, 발라드에 이르기까지 소월의 시를 바탕으로 작곡된 노래의 스펙트럼은 매우 넓다. 소월 전문가

로 알려진 구자룡(具滋龍) 시인의 조사에 따르면 "대중가요로 작곡돼 불린 소월의 시가 59편, 노래를 부른 가수도 원곡 가수와 리메이크 가수를 포함해 320여 명에 이른다."고 한다.

실제로 대중가요 작곡가 겸 작사가로 이름을 날린 손석우(孫夕友, 1920~2019)는 1960년대에 이미 소월의 시 중에서 '진달래꽃' 등 9편의 시에 곡을 붙여 유명가수들이 부르게 했다고 한다. 또, 서영은(徐永恩·1927~1989) 같은 작곡가는 소월의 시 중에서 '부모' 등 무려 40편을 골라 곡을 붙였다고 한다. 그밖에도 1970년대에 접어들어 대학가요제 참가자 또는 그룹사운드에서 소월의 시를 가사로 하는 창작곡을 만들어 대중의 인기를 크게 얻기도 했다. 2000년 이후에도 김진표 작곡·노바소닉 노래의 '진달래꽃'(라스뮤직, 2000), 김석찬 작곡·오션 노래의 '하늘 끝'(신나라뮤직, 2001), 김수한 작곡·민지 노래의 '초혼'(한국음반, 2002), 우지민 작곡·마야 노래의 '진달래꽃'(서울음반, 2003), 황옥곤 작곡·조경옥 노래의 '비단안개'(SS음반사, 2009), 이한철 작곡·자전거 탄 풍경의 '예전에 미처 몰랐어요'(스타맥스, 2015) 등이 인기를 끌었다. 이처럼 소월의 시는 우리 문학사(文學史)에 아로새겨진 의미 못지않게 우리 가요사(歌謠史)에 미친 영향 또한 매우 큰 것으로 보인다.

이제 이 글을 마무리하려고 보니 문득 어린 시절부터 라디오를 켜면 흘러나오곤 했던 노래가 귓전을 맴돈다. 가수 정미조 씨가 불렀던 '개여울'이다. 가수의 음색과 가사가 어울려 자못 애잔하게 들리곤 했던 그 노래가 어쩌면 소월의 유훈(遺訓)이라고 여겨도 좋겠다는 생각이 들었다. 소월이 세상을 떠난 지도 어언 90년이 된다. 약 한 세기 전에 이 땅에서 가난한 시인의 길을 가느라고 힘들었던 세월을 내려놓은 소월의 노랫소리인 양 그 노래가 때마침 창문을 때리는 빗줄기 속을 헤집고 선연하게 들려온다. 어쩌면 이미 어느 세상에 환생하여 호젓한 개여울 가에서 가족들과 함께 도란도란 옛일을 추스르고 있는 건강한 소월이 있을지도 모르겠다. 시인의 명복을 빈다.

***
우리 국민시인 김소월 시인과의 동행이 끝났습니다.
따라쓰기 여정을 마무리하면서 느낀 점이나 김소월 시인에게 하고 싶은 말을 뒷면에 나오는 엽서에 편지로 써보세요. 김소월 시인과 마음을 합친 아름다운 인연이 오래도록 당신을 기분 좋게 해주는 행복한 기억으로 남아 있기 바랍니다.

아래의 엽서에 편지를 작성한 다음 촬영한 이미지 파일을
이메일(fbi2024@naver.com)로 보내주시면
초판본·창간호 전문서점 및 출판사 [처음책방] 공식 블로그에 게시하고,
책방지기가 고른 책 한 권을 보내드리겠습니다.